Análise de Dados para Não-Analistas

Análise de Dados para Não-Analistas

Os Primeiros Passos no Universo da

Análise de Dados

Alex S. S. Barros

Daniela, minha linda esposa, e Manuela, minha querida filha, nada neste mundo me inspira mais do que vocês duas. Sua presença em minha vida é um presente inestimável, e sou imensamente grato por ter duas pessoas tão maravilhosas ao meu lado, sempre me incentivando a ir mais longe e mais rápido. Sem vocês, eu não seria quem sou hoje.

Alex S. S. Barros.

"O objetivo é transformar dados em informação e informação em
conhecimento."

Carly Fiorina

Empresária e figura política norte-americana

Apresentação do livro

A análise de dados é uma habilidade cada vez mais valorizada em diversos campos de atuação, desde negócios e finanças até ciência e tecnologia. Porém, muitas pessoas que não são especialistas em dados podem se sentir intimidadas ou incapazes de realizar análises por conta própria. É aqui que este guia prático se torna útil.

O **objetivo** aqui é fornecer uma **introdução à análise de dados para não-analistas, com explicações claras e exemplos práticos**. Você aprenderá o que é análise de dados, como coletar e preparar dados, técnicas para explorar dados e ferramentas para realizar análises. Além disso, você também aprenderá como comunicar resultados de forma clara e eficaz e alguns conceitos mais.

O caminho certo para análise de dados

Descrição das cinco etapas fundamentais que vão ajudá-lo a conduzir uma análise de dados sólida e eficiente, independentemente do tamanho ou complexidade do conjunto de dados.

O que é análise de dados?

O que é análise de dados e por que ela é importante. Serão descritos os principais conceitos e terminologias utilizados em análise de dados e será fornecida uma visão geral dos tipos de análise que existem.

E o que é Big Data?

Resumo do que é Big Data e suas quatro características principais do Big Data, conhecidas como os "5 Vs": volume, velocidade, variedade, veracidade e valor. Além de alguns pontos como armazenamento, processamento e cuidados com grandes quantidades de dados.

Coletando e preparando dados

Aqui, você verá sobre como coletar e preparar dados para análise. Serão abordadas técnicas de coleta de dados e como verificar se os dados estão limpos e organizados para análise.

Análise exploratória de dados

A análise exploratória é uma das etapas mais importantes da análise de dados. Neste capítulo, será mostrado como explorar os dados para identificar padrões e insights. Além de técnicas comuns, como gráficos e estatísticas descritivas.

Análise estatística básica

As principais técnicas estatísticas utilizadas na análise de dados e conceitos básicos, como distribuições de probabilidade, testes de hipóteses e intervalos de confiança.

Análise de dados usando software

Existem diversas ferramentas e softwares que podem ajudar na análise de dados. Neste capítulo, serão apresentadas algumas opções populares e como utilizá-las para realizar análises.

Análise de textos e redes sociais

Analisar texto também faz parte da análise de dados, ainda mais hoje e dia com quantidade enorme de dados criados e desmobilizados nas redes sociais. Esses dados são extremamente valiosos para empresas, por exemplo, e isso será tratado nesse capítulo, juntamente com questões éticas envolvidas nos dados das redes sociais.

Comunicação de resultados

A análise de dados só é útil se as informações resultantes forem comunicadas de forma clara e eficaz. Ainda aqui, como apresentar resultados de análises de dados e comunicá-los a diferentes públicos.

Ética e privacidade de dados

Como, no mundo atual, conectado e orientado por dados, a ética na análise de dados é fundamental para garantir a privacidade e proteger os direitos das pessoas. Também a privacidade dos dados é crucial, exigindo conformidade com regulamentos e leis, e aplicação de técnicas para garantir o uso e exploração dos dados de forma correta.

Benefícios da tomada de decisão com dados

Por fim, veja como a análise de dados ajuda as empresas a identificar problemas rapidamente, minimizar riscos, impulsionar a inovação, otimizar recursos e fornecer uma vantagem competitiva. Empresas que utilizam dados para tomar decisões podem identificar tendências emergentes, economizar dinheiro e oferecer produtos personalizados.

Hora de começar!

Sobre o autor

Nascido em 1978, em uma cidade no interior do estado do Paraná, o protagonista desta biografia descobriu cedo que o conhecimento seria a bússola que o guiaria em sua jornada de desbravamento do mundo.

Durante seus anos escolares, já demonstrava habilidade na escrita, tendo publicado seu primeiro livro pela própria escola, embora o conteúdo fosse modesto, a imaginação era fértil. Foi nessa época que começou a atuar na área da educação, ministrando aulas de reforço e particulares.

Assim, iniciou sua trajetória na educação, trabalhando dedicadamente por mais de duas décadas como educador, professor, diretor de sistema de ensino, palestrante e consultor na área da educação.

Com destaque nas áreas de física, matemática, ciência e análise de dados, o protagonista sempre foi reconhecido pelos alunos e instituições pela sua didática clara, correta e precisa na transmissão do conhecimento, tanto em aulas presenciais quanto online.

Além disso, ao longo de sua carreira na educação, escreveu diversos materiais didáticos para sistemas de ensino, cursos de graduação e pós-graduação, bem como empresas de comunicação.

Formado em engenharia eletrônica pelo Instituto Tecnológico de Aeronáutica (ITA), o protagonista destacou-se na academia ao receber o prêmio Lacaz Neto de melhor trabalho de graduação do ano de 2002. Durante sua graduação, ainda teve a oportunidade de realizar iniciação científica em robótica e cursar todas as matérias de mestrado em telecomunicações.

Com o objetivo de aprimorar ainda mais seus conhecimentos em gestão e administração, estudou na Fundação Getúlio

Vargas (FGV) e na Fundação Dom Cabral (FDC), além de diversos cursos de especialização, como em Ciência de Dados.

Atualmente, o protagonista é um empresário serial, mas não deixou de contribuir na área da educação como consultor, autor de livros e conteúdos, bem como professor em cursos online em instituições de nível superior.

Conteúdo

Introdução

A análise de dados é uma habilidade valiosa e essencial no mundo atual, onde a informação é um dos recursos mais importantes em qualquer campo de atuação. Você está num universo conectado, com uma enxurrada de dados disponíveis.

No entanto, muitas pessoas que não são especialistas em dados podem se sentir intimidadas ou incapazes de realizar análises, muitas vezes por conta de medos e mitos. **Este material tem como objetivo fornecer uma introdução à análise de dados para não-analistas, com explicações claras e reais.**

> *"In God we trust, all others bring data."* (Em Deus nós confiamos, todos os outros tragam dados.) - **W. Edwards Deming**

A análise de dados pode trazer muitos benefícios para profissionais que não são especialistas em dados, mas precisam analisá-los em suas atividades diárias, como, por exemplo, gerentes de recursos humanos.

Não, não estou "pegando no pé do RH"! Muitas pessoas não enxergam que os dados estão disponíveis em todos os lugares, seja no âmbito profissional ou pessoal. O fato de usar o gerente de recursos humanos foi apenas para enfatizar e contextualizar os exemplos a seguir. Vale ressaltar que vale para o RH, vale para o marketing, vale para todos os departamentos de uma empresa, não apenas para os "clássicos" financeiro e comercial.

Alguns exemplos dos benefícios mais importantes da análise de dados para os negócios, usando os gerentes de recursos humanos como base:

Tomada de decisão baseada em dados: Por exemplo, quando se trata de gerenciamento de recursos humanos, é importante tomar decisões informadas. Com a análise de dados, é possível coletar e analisar informações sobre os funcionários, como desempenho, absenteísmo, taxa de rotatividade e muito mais. Essas informações podem ajudar os gerentes de recursos humanos a tomar decisões baseadas em fatos e a implementar políticas e programas que sejam realmente eficazes. Outros cargos que tenham a tomada de decisão como parte da sua rotina, também se beneficiam da análise de dados para ajudar nas escolhas.

Identificação de padrões e tendências: A análise de dados permite identificar padrões e tendências nos dados que, de outra forma, poderiam passar despercebidos. Isso pode ser especialmente útil para gerentes de recursos humanos que precisam monitorar o desempenho dos funcionários ao longo do tempo e identificar tendências, como picos de absenteísmo em determinados meses ou áreas problemáticas da empresa.

Melhoria da produtividade: A análise de dados pode ajudar a identificar áreas em que a produtividade pode ser melhorada. Por exemplo, os gerentes de recursos humanos podem analisar os dados de desempenho para identificar áreas em que os funcionários precisam de mais treinamento ou suporte para melhorar seu desempenho. Isso pode levar a melhorias na eficiência e produtividade geral da empresa.

Previsão de tendências futuras: A análise de dados pode ajudar a prever tendências futuras com base nos dados históricos. Por exemplo, os gerentes de recursos humanos podem usar a análise de dados para prever a taxa de rotatividade futura com base nas tendências atuais. Isso pode ajudar a empresa a se preparar para as mudanças futuras e tomar medidas preventivas.

Caso 1: Conheça a Rosita e sua relação com os dados...

Conheci Rosita (nome fictício, numa história real) em um evento. Na época, ela trabalhava em uma pequena empresa de moda e acessórios e me contou sobre as dificuldades que estava enfrentando para entender o comportamento de seus clientes e melhorar suas vendas. Como também tenho negócios na área de varejo, sugeri que ela começasse a fazer análise de dados.

Rosita ficou bastante intrigada com a ideia, mas também um pouco assustada, pois nunca havia trabalhado com análise de dados antes. Então, comecei a explicar a ela como funciona a análise de dados e como essa técnica pode ajudar a tomar decisões mais informadas em seu negócio.

Inicialmente, ela achou que a análise de dados seria complicada e demorada, mas logo percebeu que, com as ferramentas e técnicas certas, ela poderia obter informações valiosas com relativa facilidade. Começamos a trabalhar juntos para coletar e analisar dados de vendas, comportamento do consumidor e tendências de mercado.

Logo no primeiro mês, conseguiu identificar um padrão interessante em seus dados de vendas. Ela descobriu que as vendas de certos acessórios de verão aumentavam significativamente em dias mais quentes e ensolarados.

Com essa informação, ela decidiu ajustar sua estratégia de marketing, direcionando mais esforços para promover esses produtos em dias de calor. Isso gerou um aumento de 20% nas vendas desses acessórios durante o verão.

Além disso, ela usou a análise de dados para otimizar seus processos internos, identificando gargalos e ajustando suas operações de forma mais eficiente. Ela até mesmo começou a usar a análise de dados para prever tendências de moda, o que permitiu que ela antecipasse as necessidades de seus clientes e mantivesse seu estoque sempre atualizado.

Logo, ela se tornou uma amante da análise de dados e pôde identificar muitas outras oportunidades para melhorar seu negócio. Ela começou a coletar mais dados de seus clientes, criando perfis detalhados e personalizados, o que permitiu que ela direcionasse suas campanhas de marketing com mais precisão.

A história de Rosita mostra como a análise de dados pode ser uma ferramenta poderosa para pequenas empresas. Mesmo sem ter experiência prévia na área, ela foi capaz de coletar e analisar dados de forma eficiente, tomando decisões informadas que geraram um impacto significativo em seu negócio.

Hoje em dia, a análise de dados é uma habilidade valiosa e cada vez mais necessária em diversos setores. Por meio dela, é possível entender melhor os clientes, identificar oportunidades de negócios e tomar decisões mais informadas. Espero que essa história inspire outras pessoas a explorarem a análise de dados e descobrirem como essa técnica pode ajudá-las a alcançar seus objetivos empresariais.

Alguns medos e mitos sobre o assunto

Uma pessoa que não é especialista em análise de dados pode enfrentar diversos desafios ao começar a trabalhar com dados. Alguns dos principais problemas incluem:

Falta de conhecimento técnico: A falta de conhecimento técnico pode dificultar a compreensão de conceitos e técnicas de análise de dados. Isso pode tornar a interpretação dos resultados mais difícil, afetando a eficácia da análise.

Dificuldade em coletar dados: A coleta de dados pode ser um processo complexo e exigir habilidades específicas, como conhecimento de metodologias de pesquisa e técnicas de amostragem. Sem essas habilidades, pode ser difícil coletar dados confiáveis e representativos.

Dificuldade em preparar dados: A preparação de dados é uma etapa importante da análise de dados e envolve a limpeza e organização dos dados. Isso pode ser difícil sem conhecimento técnico adequado e pode levar a erros na análise.

Dificuldade em escolher as técnicas de análise corretas: Existem diversas técnicas de análise de dados, cada uma com seus próprios requisitos e limitações. Sem conhecimento técnico adequado, pode ser difícil escolher a técnica correta para os dados e objetivos de análise.

"Errors using inadequate data are much less than those using no data at all." (Erros usando dados inadequados são muito menores do que aqueles usando nenhum dado.) **- Charles Babbage**

No entanto, **todos esses problemas podem ser solucionados**. Nesse material você terá uma introdução clara e concisa à análise de dados, explicando os conceitos e terminologias utilizados na análise de dados.

Certamente, uma pessoa que não é analista pode superar os desafios iniciais e desenvolver habilidades de análise de dados úteis para sua carreira.

O que é análise de dados?

A análise de dados é um processo que nos permite identificar **tendências, padrões e insights** que não seriam aparentes à primeira vista e sem o uso de técnicas específicas de análise. Além disso, é um processo iterativo que nos permite refinar e melhorar a qualidade das informações ao longo do tempo.

Ela envolve várias etapas: estabelecer objetivos e métricas, coletar, preparar e interpretar dados para obter insights úteis que possam ser usados para tomar decisões informadas. Sem dúvida, é uma habilidade essencial em diversos campos, desde negócios e finanças até ciência e tecnologia.

Para realizar uma análise de dados eficiente, é importante ter um conjunto de **habilidades específicas e estratégias**.

Tudo começa com saber aonde quer chegar e o que vai usar como base. Em outras palavras, é necessário ter um **objetivo claro** para a análise e determinar as métricas que indicarão se está no caminho certo para alcançar esse objetivo.

Antes de iniciar a análise em si, é preciso saber como **coletar e preparar** os dados. Isso envolve selecionar fontes de dados relevantes e garantir que os dados estejam limpos e bem organizados para serem utilizados.

Uma vez que os dados estejam prontos, é hora de começar a análise propriamente dita. A **análise exploratória** é uma das etapas mais importantes da análise de dados. É nessa fase que os dados são explorados para identificar padrões e insights que possam ser relevantes para o problema em questão. Isso envolve o uso de técnicas de **visualização de dados**, como gráficos e tabelas, além da realização de **estatísticas descritivas** para resumir as características dos dados.

Após realizar a análise exploratória, é hora de realizar análises mais sofisticadas e robustas, que exigem um maior conhecimento em matemática. A **análise estatística** é uma das principais ferramentas usadas na análise de dados e envolve o uso de **técnicas matemáticas** e **estatísticas** para identificar padrões e insights nos dados. Isso inclui o uso de técnicas como **regressão, análise de variância e análise de séries temporais**, entre outras.

A análise de dados só é útil se as informações obtidas puderem ser **comunicadas** de forma clara e eficaz. A comunicação dos resultados é uma etapa crítica da análise de dados e envolve o uso de técnicas de apresentação de dados, como **gráficos** e **tabelas**, além da **redação de relatórios** que resumam as principais descobertas e conclusões da análise.

> *"Data is the new oil."* (Dados são o novo petróleo.) - **Clive Humby**

A análise de dados é um processo poderoso que permite obter interpretações valiosas a partir de dados brutos. Para realizar uma análise de dados eficiente, é importante ter um conjunto de habilidades específicas, incluindo a capacidade de coletar e preparar dados, realizar análises exploratórias e estatísticas, e comunicar resultados de forma clara e eficaz.

Com a **prática e a experiência**, qualquer pessoa pode desenvolver essas habilidades e tornar-se um especialista em análise de dados.

E o que é Big Data?

O termo Big Data ganhou destaque nos últimos anos e tornou-se comum quando se fala de análise de dados. Ele refere-se ao **vasto volume de dados** que são gerados e coletados em alta velocidade e em diferentes formatos. Se fosse traduzido, literalmente seria **"Grandes Dados"**. Esses dados podem ser estruturados (como dados em bancos de dados relacionais), não estruturados (como texto, áudio e vídeo) ou semiestruturados (como documentos XML).

Logicamente, para lidar com essa quantidade de dados algumas especificidades são necessárias, como **tecnologias e abordagens** próprias, sem mencionar os recursos de tecnologia necessários, como computadores mais potentes.

> *"If we have data, let's look at data. If all we have are opinions, let's go with mine."* (Se temos dados, vamos olhar para os dados. Se tudo o que temos são opiniões, vamos com a minha) - **Jim L. Barksdale**

Existem quatro características principais do Big Data, conhecidas como os **"5 Vs"**:

Volume: refere-se à enorme quantidade de dados que são gerados e coletados continuamente. As fontes incluem redes sociais, sensores de dispositivos IoT, registros de transações, dados de máquinas, entre outros.

Velocidade: diz respeito à taxa rápida com que os dados são gerados e precisam ser processados. O Big Data é frequentemente gerado em tempo real, exigindo sistemas de processamento e análise que possam lidar com altas velocidades de ingestão e processamento de dados.

Variedade: refere-se à diversidade dos tipos de dados presentes. Isso inclui dados estruturados, não estruturados e semiestruturados. A variedade de dados impõe desafios adicionais ao processamento e análise, pois diferentes formatos e estruturas precisam ser considerados.

Veracidade: relaciona-se à confiabilidade e qualidade dos dados. O Big Data pode conter erros, duplicações e informações incorretas. Garantir a veracidade dos dados é essencial para obter insights precisos e confiáveis.

Valor: quinto ponto, incluindo mais recentemente na lista de "Vs", é definir a maneira como essa imensa quantidade de dados em circulação será abordada. Afinal, para transformar um dado em informação útil e utilizável, é necessário o discernimento do analista, é necessário formular uma pergunta direcionada a esse dado, que permita orientar a análise de dados para os objetivos específicos da empresa. Nem todas as informações que estão circulando são relevantes ou úteis para os objetivos específicos da empresa.

Se você está pensando que deve ser complexo guardar tudo isso, acertou! Contudo, a tecnologia atual tem seus recursos também. Computação em nuvem e armazenamento distribuído são dois deles.

Quando se pensa em **armazenar** essa quantidade gigantesca de dados, a **computação em nuvem** oferece uma solução escalável e flexível para armazenar grandes volumes de dados. Os provedores de nuvem oferecem serviços de armazenamento altamente disponíveis e distribuídos, permitindo que as organizações dimensionem sua capacidade de armazenamento conforme necessário.

O **armazenamento distribuído** também é uma opção, como o Hadoop Distributed File System (HDFS), é projetado para lidar com grandes quantidades de dados, dividindo-os em blocos e distribuindo-os em vários nós em um cluster. Essa abordagem permite o processamento paralelo e a tolerância a falhas.

E como lidar, ou melhor, processar essa quantidade de dados tão grande? Veja duas técnicas muito conhecidas e utilizadas: processamento paralelo e computação em memória.

O **processamento paralelo** é essencial para grandes volumes de dados de forma eficiente. Técnicas como MapReduce permitem dividir as tarefas de processamento em partes menores que podem ser executadas simultaneamente em vários nós de um cluster.

A **computação em memória**, como o uso de tecnologias como o Apache Spark, permite processar dados em tempo real, mantendo os dados na memória em vez de acessá-los a partir de um disco rígido. Isso acelera o tempo de processamento e é especialmente útil para análises interativas e em tempo real.

Cabe aqui uma observação importante e interessante, grandes volumes de dados podem conter **viés incorporado**, que pode levar a resultados discriminatórios ou injustos. É necessário considerar cuidadosamente a representatividade dos dados e aplicar técnicas para mitigar o viés e garantir a equidade na análise de Big Data.

Se você não trabalha com grandes quantidades de dados, talvez não tenha dimensão do que isso significa. O Microsoft Excel talvez seja o programa mais conhecido hoje em dia para manipular dados e realmente resolve grande parte do que precisa ser feito profissional e pessoalmente. Ele suporta, em uma planilha, 16.384 colunas de largura por 1.048.576 linhas de altura, e com capacidade de 32.767 caracteres por célula.

Se fosse possível usar toda capacidade do Excel, e não é possível porque o hardware não vai suportar você teria 559.739.000.800.000 bytes em uma planilha. Hoje, estimasse que diariamente, isso mesmo por dia, na internet são gerados novos 2.500.000.000.000.000.000 bytes. Simplificando um pouco os grandes números, **são gerados 5000 vezes mais dados por dia do que o Excel conseguiria armazenar em uma planilha**. Isso é Big Data!

Caminho certo para sua análise de dados

São **cinco etapas** fundamentais que vão ajudá-lo a conduzir uma análise de dados sólida e eficiente, independentemente do tamanho ou complexidade do conjunto de dados que será analisado.

Essas etapas garantem uma melhor interpretação dos dados, com **melhores resultados**. O que chama a atenção é que as duas primeiras etapas normalmente são "esquecidas" por diversos motivos.

Calma, ninguém vai inventar a roda novamente. Explico! Imagine que você vai participar de uma competição, um jogo, por exemplo.

- O primeiro passo consiste em determinar claramente o objeto da competição. É indubitável que, no caso em questão, a finalidade última é a vitória.

- O segundo passo reside em definir um método para eleger o vencedor. Em geral, uma métrica ou uma forma de pontuação é o caminho natural a ser seguido.

- O terceiro passo requer a disponibilidade de uma fonte confiável de dados. Um placar ou outro método de marcação de pontos é fundamental para esse processo.

- O quarto passo envolve a organização dos dados e das regras, bem como a designação de um ou mais árbitros para auxiliar no processo de julgamento.

- Por último, mas não menos importante, vem o quinto passo, que consiste na divulgação do vencedor, a entrega da medalha de ouro e a celebração do campeão. É hora de comemorar!

Ok, não é o objetivo aqui falar de jogos, então de volta à análise de dados. Então são essas as etapas:

Definir o objetivo da análise:

O **primeiro passo** para conduzir uma análise de dados eficiente é definir o **objetivo da análise**. Isso envolve entender o que você quer alcançar com a análise de dados e o que você espera obter dela. Isso é importante porque, sem um objetivo claro, você pode acabar coletando dados e realizando análises que não são úteis para os seus negócios.

O **objetivo da análise** pode variar dependendo do tipo de negócio ou projeto que você está trabalhando. Por exemplo, se você está trabalhando em um projeto de marketing, o objetivo pode ser entender como os seus clientes estão respondendo às suas campanhas publicitárias.

Ou ainda, se você está trabalhando em um projeto de vendas, o objetivo pode ser identificar os produtos que estão vendendo melhor e entender por que eles são populares.

Não saia analisando a base de dados sem passar por essa primeira etapa. Ela é fundamental para dar andamento ao processo das cinco etapas, ainda que tenha pressa ou esteja ansioso para mexer nas bases.

Escolher as métricas adequadas:

Tão importante quanto definir o objetivo da análise é escolher as **métricas adequadas** para medir o sucesso. As métricas são medidas quantitativas (ou até qualitativas) que ajudam a entender se você está atingindo os seus objetivos. Ter boas métricas é fundamental para não cometer erros básicos no processo.

As **métricas** que você escolhe podem variar dependendo do seu objetivo e do seu negócio. Por exemplo, se você está trabalhando em um projeto de marketing, as métricas podem incluir taxa de cliques, taxa de conversão e receita gerada. Se você está trabalhando em um projeto de vendas, as métricas podem incluir taxa de conversão, ticket médio e lucro bruto.

É importante escolher as **métricas que são relevantes** para o seu negócio ou projeto e que ajudam a medir o sucesso da sua análise. Se as métricas escolhidas não estiverem alinhadas com o seu objetivo, você pode acabar coletando e analisando dados que não são úteis para a sua empresa.

Determinar as fontes de dados:

Com o objetivo e as métricas em mente, é hora de verificar se todos os dados necessários já estão disponíveis ou se ainda vão ter que ser **coletados e preparados os dados** para análise. A qualidade dos dados é fundamental para a qualidade da análise.

As **fontes** de dados podem variar dependendo do seu negócio e do seu projeto. Algumas fontes comuns de dados incluem bancos de dados, planilhas, arquivos de texto, logs de servidor e dados de terceiros. É importante escolher as fontes de dados que são relevantes para o seu negócio e que contêm as informações necessárias para atingir os seus objetivos.

Hora de limpar e organizar:

Uma vez que os dados são coletados, é hora de prepará-los para a análise. Isso pode incluir **limpar os dados** para remover duplicatas ou erros, converter formatos de arquivo e transformar dados para que possam ser facilmente analisados.

A **limpeza de dados** é uma etapa crucial na análise de dados porque dados sujos ou inconsistentes podem levar a conclusões erradas. Se os dados contiverem valores em branco, valores nulos ou informações duplicadas, isso pode afetar a precisão da análise. Também é importante verificar se os dados estão em um formato consistente e fácil de analisar.

Para limpar os dados, você pode usar **ferramentas e softwares** específicos ou escrever scripts personalizados. Eles podem ajudar a remover valores duplicados, preencher valores em branco e remover dados inconsistentes, por exemplo.

Analisando os dados:

Com os dados limpos e preparados, é hora de realizar a **análise**. Isso pode incluir **análise exploratória, modelagem estatística, mineração de dados** e outras técnicas para encontrar insights úteis.

A **análise exploratória** envolve a exploração dos dados para entender padrões e tendências. Isso pode incluir a criação de gráficos, tabelas e visualizações de dados para ajudar a identificar insights importantes.

A **modelagem estatística** envolve o uso de técnicas estatísticas para criar modelos que possam ser usados para prever resultados futuros. Isso pode ser útil em projetos de marketing ou vendas para prever o comportamento do cliente ou o desempenho do produto.

A **mineração de dados** envolve a análise de grandes conjuntos de dados para encontrar padrões e tendências ocultas. Isso pode ser útil para empresas que possuem grandes quantidades de dados e desejam identificar insights que possam melhorar o desempenho do negócio.

Por fim, conduzir uma análise de dados sólida e eficiente envolve cinco etapas fundamentais: definir o objetivo da análise, escolher as métricas adequadas, determinar as fontes de dados, limpeza e organização de dados e análise de dados.

Cada uma dessas etapas é importante para garantir que a análise seja bem-sucedida e produza resultados úteis para o seu negócio.

Além disso, é importante lembrar que a análise de dados é um processo contínuo e que as etapas acima podem ser repetidas ou ajustadas para refinar a análise ao longo do tempo.

Veja nos próximos capítulos aprofundamentos das etapas diretamente relacionadas à parte técnica da análise de dados, mas lembre-se as duas primeiras etapas são extremamente importantes.

Dica de leitura:

"Data-Driven: Criando uma cultura de dados" de Hilary Mason e DJ Patil - Este livro explora como as empresas podem criar uma cultura de dados para tomar decisões melhores e mais informadas. Ele fornece exemplos de empresas bem-sucedidas que usam a análise de dados em suas operações diárias, e fornece orientações para empresas que desejam adotar uma abordagem baseada em dados.

Definindo objetivos

A análise de dados é uma prática essencial para empresas e organizações que desejam obter **resultados valiosos e tomar decisões embasadas.**

No entanto, muitas vezes, um passo crucial é negligenciado ou esquecido: a **definição de um objetivo** claro e bem definido para a análise. Sem uma direção clara, o processo de análise pode se tornar um desperdício de tempo e recursos, sem gerar resultados relevantes.

De acordo com Donald Sull, professor da Escola de Gestão do MIT Sloan, é surpreendente constatar que 45% dos gerentes não conseguem nomear nem mesmo um dos cinco principais objetivos de suas empresas. Isso ressalta a importância de estabelecer objetivos claros e compartilhados em toda a organização.

Uma abordagem eficiente para definir objetivos é utilizar a **metodologia OKR**, que tem sido amplamente adotada por gigantes da tecnologia, como Google, Twitter e LinkedIn. O termo OKR significa **"Objectives and Key Results"** (Objetivos e Resultados-Chave, em inglês) e foi criado na década de 70 por Andrew S. Grove, ganhando popularidade com o sucesso da Google nos anos 2000.

Os objetivos são declarações inspiradoras que estabelecem uma direção clara para a análise de dados. Eles devem ser desafiadores e motivadores, orientando a equipe em direção a um propósito comum.

Por sua vez, os **resultados-chave** são métricas específicas que medem o progresso em relação aos objetivos estabelecidos. Essas métricas são essenciais e devem ser escolhidas com cuidado, geralmente variando de 3 a 5, para indicar se o objetivo está sendo alcançado ou não.

A metodologia OKR traz uma série de **benefícios significativos** para as empresas. Em primeiro lugar, ela promove a clareza e a simplicidade na definição dos objetivos, permitindo que todos os membros da equipe compreendam facilmente o que precisa ser alcançado. Além disso, os OKRs estabelecem metas tangíveis para um período relativamente curto, o que facilita o acompanhamento do progresso e a realização de ajustes quando necessário.

Uma característica distintiva dos OKRs é que os resultados-chave são reportados periodicamente. Essa frequência de acompanhamento permite que a equipe antecipe o final do trimestre, por exemplo, e faça **avaliações regulares e tome ações corretivas com rapidez**, caso estejam atrasados em relação aos resultados esperados. Essa abordagem ágil é essencial para manter o foco no objetivo e garantir que a equipe esteja no caminho certo.

No contexto dos negócios, outra característica marcante é que os OKRs devem ser **compartilhados com todos** os membros da organização, desde a liderança até a equipe de linha de frente. Ao fazer isso, a empresa explicita suas prioridades e como elas se desdobram em objetivos e resultados-chave em todos os níveis hierárquicos. Isso cria uma **cultura de transparência, alinhamento e engajamento**, à medida que cada pessoa entende sua contribuição para o sucesso geral da organização.

Uma das vantagens mais significativas dos OKRs é que eles medem os resultados, não apenas o esforço das tarefas. Isso difere de muitas metodologias tradicionais de gestão, que tendem a focar apenas nas atividades realizadas, sem considerar se essas atividades estão, de fato, impulsionando o progresso em direção aos objetivos. Com os OKRs, a ênfase é colocada nos resultados tangíveis e mensuráveis, incentivando uma abordagem mais orientada para o sucesso.

É importante destacar que a definição de objetivos não deve ser um processo estático. À medida que a análise de dados evolui e novas informações são obtidas, pode ser necessário revisar e ajustar os objetivos para se adequar às mudanças nas circunstâncias. A **flexibilidade é essencial** para garantir que os objetivos permaneçam relevantes e alinhados com as necessidades e os objetivos em constante mudança da organização.

A análise de dados é uma ferramenta poderosa para impulsionar o sucesso dos negócios. No entanto, seu verdadeiro potencial só pode ser alcançado quando se tem um **objetivo claro e bem definido** como base. Os OKRs oferecem uma estrutura eficaz para estabelecer e medir o progresso em direção a esses objetivos, ajudando as empresas a obter insights valiosos e tomar decisões informadas. Ao adotar essa abordagem, as organizações podem maximizar o valor da análise de dados e impulsionar o crescimento e o sucesso a longo prazo.

Escolhendo as melhores métricas

Após estabelecer os objetivos, é hora de definir as métricas. **Métricas são as atividades que precisam ser acompanhadas e medidas**, e devem estar alinhadas com os objetivos. Essas métricas permitem avaliar se os objetivos foram alcançados e garantir que as análises não sejam influenciadas pela base de dados.

Ao abrir a base de dados, é comum querer sair mexendo nela sem pensar no que fazer, o que pode resultar em informações não relevantes. Por isso, é i**mportante ter clareza sobre o que se precisa antes de avaliar a base de dados**.

As métricas devem ser derivadas dos objetivos e serem relevantes para o negócio. Se os objetivos são o final da linha, então as métricas são os pontos que devem ser analisados para atingir os objetivos. São os pontos que devem ser medidos para saber se tudo está correndo bem. Para isso, é preciso criar indicadores e as metas para esses indicadores.

Muito comum hoje em dia se usar o termo KPI ou "Key Performance Indicator", que do inglês significa Indicador-Chave de Desempenho**,** é mais uma abreviação na nossa lista**.** Deve haver restrição a poucos indicadores, geralmente entre 3 e 5, que podem ser substituídos ao longo do tempo.

Por exemplo, se uma empresa tem como objetivo aumentar o boca a boca usando os resultados do **NPS** (Índice de Promotores Líquidos), as métricas poderiam ser taxa de resposta do NPS e notas do NPS. Alguns bons KPIs seriam atingir uma nota de 70%, conseguir 80% das pesquisas respondidas e ter 100% dos detratores abordados em 6 meses.

Um outro exemplo seria uma empresa que deseja ser reconhecida nacionalmente. Uma boa métrica poderia ser ter o selo "Great place to work" ou Melhores Empresas para Trabalhar. Alguns KPIs seriam desenvolver uma pesquisa de clima para 100% dos colaboradores, realizar 3 reuniões de brainstorm para redefinir a cultura da empresa ao longo de um ano e conseguir pelo menos 75 pontos na avaliação Trust Index.

É importante não confundir os conceitos de OKR e KPI. O OKR é uma metodologia para determinar os objetivos a serem alcançados, enquanto o KPI é um indicador-chave de desempenho. Ambos estão ligados e fazem sentido juntos. Parte dos objetivos são metrificados e dessas métricas, as mais relevantes viram KPIs para acompanhamento direto dos resultados, ou seja, coerência de KPI.

As **métricas são fundamentais para avaliar se os objetivos** foram alcançados e garantir que as análises não sejam influenciadas pela base de dados. Elas devem estar alinhadas com os objetivos, serem relevantes para o negócio e poucas em número. O KPI é um indicador-chave de desempenho e é importante para o acompanhamento direto dos resultados.

Coleta e preparação de dados

Antes da análise de dados em si, tudo começa com a **coleta e preparação**. São etapas críticas, pois se os dados estiverem incorretos, incompletos ou desorganizados, todo o processo de análise será comprometido. Neste capítulo, serão discutidos os principais aspectos da coleta e preparação de dados e como garantir a qualidade dos dados.

Coleta de Dados

A **coleta de dados** é um processo crucial em diversas áreas, como na pesquisa acadêmica, no marketing e na análise de negócios. Para realizar uma coleta de dados eficiente, é preciso selecionar as fontes de dados adequadas, levando em conta o objetivo da análise e a qualidade das informações disponíveis.

As **fontes de dados** podem variar desde bancos de dados empresariais até dados abertos disponíveis na internet, e é importante avaliar a relevância e a confiabilidade de cada uma delas antes de selecioná-las para a coleta de dados.

Isso pode incluir a revisão de fontes secundárias, como relatórios de pesquisas anteriores, para determinar quais dados são mais relevantes para o problema em questão.

Uma vez que as fontes de dados tenham sido selecionadas, o próximo passo é **coletar os dados**. Isso pode ser feito manualmente, por exemplo, através da inserção manual de dados em planilhas, ou automaticamente, por meio de softwares específicos de coleta de dados.

A escolha do método de coleta de dados dependerá do tipo de fonte de dados selecionada, da quantidade de informações a serem coletadas e dos recursos disponíveis.

Independentemente do método escolhido, é importante garantir que os **dados coletados sejam precisos e completos**. Isso pode envolver a verificação dos dados coletados em relação aos dados originais, o uso de ferramentas de validação de dados e a realização de testes para identificar quaisquer erros ou distorções na análise.

Tenha claro, a coleta de dados é um processo fundamental para a tomada de decisões informadas em diversas áreas. Ao selecionar as fontes de dados corretas e garantir a precisão e a integridade dos dados coletados, é possível obter insights valiosos que podem levar a melhorias significativas nos negócios, na pesquisa ou em outras áreas de interesse.

Preparação de Dados

A preparação de dados é o processo de **limpeza e organização** dos dados para garantir que eles sejam utilizáveis. Isso envolve a remoção de dados duplicados ou irrelevantes, a correção de erros e inconsistências nos dados e a organização dos dados de forma consistente e padronizada.

A **limpeza de dados** é uma das etapas mais importantes no processo de preparação de dados. Trata-se do processo de identificação e **correção de erros e inconsistências** presentes nos conjuntos de dados. Dentre os problemas mais comuns estão dados faltantes, erros de digitação e valores discrepantes.

A presença de **dados sujos** pode ter consequências graves, afetando diretamente a qualidade e confiabilidade das análises e conclusões obtidas a partir desses dados. A interpretação de informações incorretas pode levar a decisões equivocadas e ações inadequadas.

Ao realizar a limpeza de dados, é necessário utilizar uma combinação de **técnicas e ferramentas,** como a **verificação de integridade dos dados, a padronização de formatos, a detecção e tratamento de outliers, a imputação de dados faltantes e a remoção de registros duplicados.**

A limpeza de dados é um processo minucioso e requer atenção aos detalhes. É fundamental garantir a consistência dos dados, eliminando possíveis erros que possam prejudicar a análise posterior.

Uma abordagem sistemática para a limpeza de dados envolve a **identificação dos problemas, a definição de regras e procedimentos para correção, a execução das ações corretivas e a validação dos resultados.**

Além da limpeza de dados, é importante **organizar os dados** de forma **consistente e padronizada**. Isso envolve a padronização de nomes e formatos de dados, a organização de dados em categorias relevantes e a criação de identificadores únicos para cada registro de dados.

Uma vez que os dados estejam limpos e organizados, é hora de realizar a **integração de dados**. Isso envolve a combinação de dados de diferentes fontes para criar um conjunto de dados único e completo.

A integração de dados é uma etapa crítica, pois os dados de diferentes fontes podem ser armazenados em formatos diferentes ou usar diferentes padrões de nomenclatura.

Por fim, é importante garantir que os dados estejam prontos para análise. Isso inclui a criação de um **dicionário de dados**, que descreve o significado de cada campo de dados, bem como a realização de testes de validação para garantir que os dados estejam corretos e consistentes.

A **coleta e preparação** de dados é uma etapa crítica da análise de dados. É importante selecionar as fontes de dados com cuidado, coletar os dados com precisão e prepará-los de forma consistente e padronizada. Com a limpeza e organização adequada dos dados, é possível obter insights valiosos a partir dos dados brutos.

Caso 2: Como a Netflix sabia que *"House of Cards"* seria um sucesso

Não sei se você já se perguntou como a Netflix previu o sucesso de uma de suas séries originais, 'House of Cards', antes mesmo de seu lançamento. Caso não tenha, não se preocupe, mas saiba que ela sabia de tudo.

Essa história é um exemplo valioso de como a cultura de resultados pode levar ao sucesso. A Netflix tem sido capaz de superar a audiência de grandes programas de televisão nos EUA com uma precisão cada vez maior, graças ao uso inteligente de dados e à tomada rápida e eficaz de decisões.

Essa abordagem tem sido fundamental para a empresa identificar corretamente seu público-alvo e oferecer conteúdo que os mantenha engajados."

A coleta de dados é uma etapa fundamental para o sucesso de uma cultura de resultados. Sem dados, as decisões empresariais são baseadas apenas no instinto do empreendedor, o que pode levar a falhas.

É como tentar acertar um alvo de olhos vendados, as chances são muito baixas em comparação com as de quando se pode ver claramente o que está à frente. A coleta de dados serve para tirar a venda que impede uma visão mais apurada e clara.

A Netflix é um exemplo de empresa que utiliza a coleta de dados de forma eficiente. Para escolher a série que teria mais repercussão, a organização analisou cada clique, pausa, tempo de retenção nas séries e filmes, aceleração ou desaceleração de frames, entre outros fatores.

Se tivessem parado de analisar logo no primeiro fator, a análise poderia ter sido comprometida. A escolha dos meios de coleta de dados é essencial para que as empresas possam obter informações valiosas.

Existem diversas tecnologias disponíveis para ajudar nessa escolha, como o sistema de big data utilizado pela Netflix, que permite acesso a uma grande quantidade de dados para entender onde o negócio está posicionado e quais dados são relevantes para a ação desejada.

Análise exploratória de dados

A **análise exploratória de dados** é uma etapa crucial na análise de dados, pois é nessa fase que os dados são explorados para identificar padrões e insights que possam fornecer informações valiosas. Neste capítulo, você verá algumas técnicas comuns de análise exploratória que você pode usar em seus próprios dados.

Uso de gráficos como recurso exploratório

Os **gráficos** são uma ferramenta valiosa na análise exploratória de dados, pois permitem visualizar os dados de uma forma que facilita a identificação de padrões e tendências. Existem vários tipos de gráficos que podem ser usados na análise exploratória, como gráficos de barras, gráficos de linhas e gráficos de dispersão.

Um **gráfico de barras**, por exemplo, é útil para comparar a frequência de diferentes categorias ou valores. Já um **gráfico de linhas** é bom para visualizar tendências ao longo do tempo, enquanto um **gráfico de dispersão** é útil para identificar a relação entre duas variáveis.

Estatística descritiva

Na análise exploratória de dados, além da representação gráfica, a **estatística descritiva** é uma técnica amplamente utilizada. Ela permite resumir os dados de **maneira numérica**, fornecendo uma visão geral e compreensão das características dos conjuntos de dados.

Dentre as estatísticas descritivas mais comuns, destacam-se a **média**, a **mediana** e o **desvio padrão**.

A **média** é calculada somando-se todos os valores presentes no conjunto de dados e dividindo-se pelo número total de observações. Ela fornece uma medida de tendência central, representando um valor típico do conjunto de dados.

A **mediana**, por sua vez, é o valor que divide o conjunto de dados em duas partes iguais, ou seja, metade dos valores está acima e metade está abaixo desse valor. Diferente da média, a mediana é menos sensível a valores extremos e é uma medida mais robusta em determinados casos.

O **desvio padrão** é uma medida de dispersão que indica o quanto os valores do conjunto de dados estão afastados da média. Ele fornece informações sobre a variabilidade dos dados e sua distribuição em relação à média.

Além dessas estatísticas, existem outras medidas descritivas, como **quartis, percentis e amplitude**, que também auxiliam na compreensão dos dados.

A **estatística descritiva é fundamental** para a análise inicial de dados, pois permite resumir as principais características, identificar padrões e anomalias, e extrair informações relevantes para análises posteriores. Com base nessas medidas, é possível ter uma visão geral dos dados, compreender sua distribuição e avaliar a presença de valores discrepantes.

Análise de correlação

A **análise de correlação** é outra técnica comum na análise exploratória de dados. A análise de correlação mede a relação entre duas variáveis. Se as variáveis **são positivamente correlacionadas**, elas aumentam ou diminuem juntas. Se as variáveis são negativamente correlacionadas, elas se movem em direções opostas.

A correlação pode ser medida usando o coeficiente de correlação de Pearson, que varia de -1 a 1. Um valor de 1 indica uma correlação perfeita positiva, enquanto um valor de -1 indica uma correlação perfeita negativa. Um valor de 0 indica que não há correlação.

Análise de clusterização

A **análise de clusterização** é outra técnica útil na análise exploratória de dados. A clusterização agrupa observações em **conjuntos ou grupos com base em suas similaridades**. Isso pode ser útil para identificar grupos de observações que compartilham características semelhantes.

Existem vários métodos de clusterização, como o método k-means e o método de clusterização hierárquica. O método k-means agrupa observações em k clusters, enquanto o método de clusterização hierárquica cria uma árvore de clusters com base nas similaridades entre as observações.

A análise exploratória de dados é uma etapa essencial na análise de dados, pois permite explorar os dados em busca de padrões e insights que possam fornecer informações valiosas. As técnicas de análise exploratória descritas neste capítulo são apenas algumas das muitas técnicas disponíveis, mas elas devem fornecer uma base sólida para começar a explorar seus próprios

Análise estatística básica

A **análise estatística** é uma das principais ferramentas da análise de dados. Ela permite que você tire conclusões sobre os dados com base em um conjunto de princípios estatísticos estabelecidos. Você encontrará aqui os principais conceitos e técnicas estatísticas que são utilizados na análise de dados.

Distribuições de probabilidade

A **distribuição de probabilidade** é um conceito fundamental da estatística. Ela é utilizada para descrever a probabilidade de um determinado evento ocorrer em uma situação específica. Existem vários tipos de distribuições de probabilidade, mas a mais comum é a **distribuição**

normal, também conhecida como distribuição de Gauss ou curva em forma de sino

A **distribuição normal é uma distribuição simétrica em torno da média dos dados.** Ela é frequentemente utilizada para descrever dados que são aproximadamente simétricos e que seguem um padrão de distribuição normal.

A maioria dos testes estatísticos assume que os dados seguem uma distribuição normal, portanto, é importante verificar se seus dados se encaixam nesse padrão. **A distribuição normal é importante porque muitos fenômenos naturais e humanos seguem essa distribuição.**

A distribuição normal é caracterizada por dois parâmetros: a média e o desvio padrão. A média é o valor central da distribuição e o desvio padrão é uma medida de quão espalhados são os valores em relação à média.

A forma da distribuição normal é simétrica em torno da média, e cerca de 68% dos valores estão a uma distância de um desvio padrão da média, 95% dos valores estão a uma distância de dois desvios padrão da média e 99,7% dos valores estão a uma distância de três desvios padrão da média.

Existem diversas distribuições de probabilidade, como já foi citado, cada uma com suas características e aplicações específicas. Algumas das mais comuns são:

Distribuição Normal: como já mencionado, é uma das mais utilizadas na estatística. Ela é simétrica em torno de um valor central e tem uma forma de sino. Muitas variáveis na natureza seguem uma distribuição normal, como a altura ou peso de uma população.

Distribuição de Poisson: é utilizada para modelar a ocorrência de eventos raros em um intervalo de tempo ou espaço. Por exemplo, o número de carros que passam em uma rua em determinado período.

Distribuição Binomial: é utilizada para modelar a ocorrência de eventos com apenas dois resultados possíveis (sucesso ou fracasso) em um determinado número de tentativas.

Distribuição Exponencial: é utilizada para modelar o tempo entre eventos raros e independentes. Por exemplo, o tempo que um usuário gasta no site antes de realizar uma compra.

Testes de hipóteses

Os testes de hipóteses são uma técnica estatística utilizada para determinar se uma **hipótese sobre uma população é verdadeira ou falsa**. Eles são frequentemente utilizados na pesquisa científica para verificar a validade de uma hipótese. Existem vários tipos de testes de hipóteses, mas os mais comuns são os **testes t e os testes z.**

Um **teste t** é utilizado para determinar se a média de uma amostra é estatisticamente diferente da média de uma população. Já um **teste z** é utilizado para determinar se a proporção de uma amostra é estatisticamente diferente da proporção de uma população.

Com os testes pode-se determinar se um resultado de uma amostra é estatisticamente significativo em relação a uma hipótese nula. A hipótese nula é a afirmação que se deseja testar e a hipótese alternativa é a afirmação oposta à hipótese nula.

Por exemplo, se a hipótese nula for que a média de idade de uma população é 30 anos, a hipótese alternativa pode ser que a média de idade é diferente de 30 anos.

 Para testar essa hipótese, uma amostra da população é coletada e é calculada uma estatística de teste, como o valor-t. Com base na estatística de teste, é possível determinar se o resultado da amostra é significativamente diferente da hipótese nula.

Intervalos de confiança

Um intervalo de confiança é uma medida estatística que indica a **precisão com que uma estimativa de uma população é calculada a partir de uma amostra**. Ele é calculado utilizando uma margem de erro e um nível de confiança.

O nível de confiança é uma medida da confiança que você tem de que o intervalo de confiança contém a verdadeira média da população. O valor mais comum para o nível de confiança é 95%.

Por exemplo, suponha que você queira estimar a média de altura de uma população com base em uma amostra. Você pode calcular um intervalo de confiança para essa estimativa com base na amostra.

Se você utilizar um nível de confiança de 95%, isso significa que você tem 95% de confiança de que o intervalo de confiança contém a verdadeira média de altura da população.

Outro exemplo, se uma amostra de uma população tem uma média de idade de 32 anos e um desvio padrão de 5 anos, é possível calcular um intervalo de confiança para a média de idade da população com base na amostra.

Esse intervalo de confiança pode ser interpretado como "com um nível de confiança de 95%, a média de idade da população está entre X anos e Y anos". O nível de confiança é a probabilidade de que o intervalo de confiança contenha o parâmetro de população desconhecido e é geralmente definido em 95% ou 99%.

> *"The best thing about being a statistician is you get to play in everyone's backyard."* (O melhor de ser um estatístico é que você pode jogar em todos os quintais.) - **John Tukey**

Regressão linear

A **regressão linear** é uma técnica estatística amplamente utilizada para analisar a relação entre duas variáveis. Seu objetivo principal é prever o valor de uma variável dependente com base no valor de uma variável independente. Essa relação é expressa por uma equação linear.

Considere um exemplo prático para ilustrar o uso da regressão linear. Suponha que você queira investigar a relação entre o tempo de estudo e as notas obtidas por estudantes. Para isso, coleta-se dados sobre o tempo de estudo e as notas de um grupo de estudantes. Em seguida, aplica-se a técnica de regressão linear para determinar a relação entre essas duas variáveis. Através da análise dos dados, é possível obter uma equação linear que descreve essa relação, permitindo fazer previsões sobre as notas com base no tempo de estudo.

É importante ressaltar que a regressão linear é apenas uma das técnicas estatísticas básicas disponíveis. À medida que a análise de dados se torna mais complexa, é necessário adquirir conhecimentos sobre técnicas estatísticas avançadas. Entre elas, destacam-se os modelos de regressão, que vão além da análise linear, abrangendo abordagens mais flexíveis e sofisticadas. Além disso, há também a análise de **séries temporais**, que permite estudar padrões e tendências ao longo do tempo, e a análise de dados **multivariados**, que lida com a relação entre múltiplas variáveis simultaneamente.

Compreender e aplicar essas técnicas estatísticas avançadas é fundamental para realizar análises mais aprofundadas e obter insights valiosos a partir dos dados. Elas fornecem ferramentas poderosas para investigar relações complexas entre variáveis e explorar diferentes aspectos dos conjuntos de dados.

Portanto, é importante ampliar o conhecimento estatístico para além das técnicas básicas de regressão linear, a fim de realizar análises mais sofisticadas e precisas.

Dica de leitura:

"*An Introduction to Statistical Learning*" de Gareth James, Daniela Witten, Trevor Hastie e Robert Tibshirani - Este livro apresenta uma introdução à análise estatística de dados, incluindo técnicas como regressão, classificação e análise de dados de alta dimensão. O livro utiliza exemplos práticos e inclui exercícios para o leitor praticar.

Caso 3: Curioso caso do Liverpool e a ciência de dados

O Liverpool é um dos times de futebol mais famosos do mundo, mas nem sempre foi assim. Há menos de dez anos, então 2013 aproximadamente, o clube não estava indo tão bem.

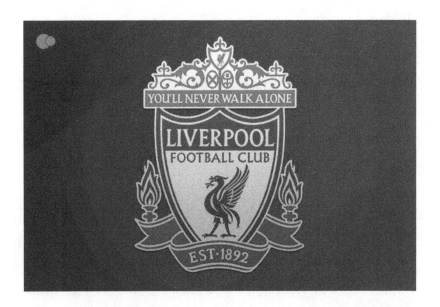

Então, o departamento de análise de dados do Liverpool entrou em ação. Eles começaram a usar dados para tomar decisões importantes,

tanto dentro como fora de campo, atualmente (2023) sob o comando de Ian Graham, diretor de pesquisa do clube.

Ele foi responsável por trazer o treinador Jurgen Klopp para o Liverpool em 2015, mesmo que Klopp estivesse passando por um momento difícil no seu antigo clube. O sucesso do Liverpool serve como exemplo para outras empresas que precisam se reinventar para continuarem relevantes no mercado.

O futebol nem sempre foi tão aberto ao uso de dados quanto outros esportes coletivos, como o beisebol. O filme "Moneyball" conta a história de como o beisebol começou a usar dados para tomar decisões fundamentais. Porém, o futebol tem particularidades que tornam mais difícil o uso de dados.

Por exemplo, o jogo é muito mais fluido do que o beisebol, e as partidas têm muito menos gols do que outros esportes, como o basquete. Isso torna a análise dos dados mais complicada.

Porém, com a evolução das tecnologias de ciência de dados, os analistas de desempenho de futebol conseguiram encontrar maneiras de coletar e cruzar dados para identificar situações que têm maior chance de terminar em gol.

Agora é possível medir, em números, a capacidade de um jogador de levar a bola para um espaço vazio ou quantas vezes ele consegue pressionar o adversário a perder a bola. Clubes de futebol em todo o mundo estão cada vez mais usando análise de dados para informar seus modelos de jogo, mas o Liverpool se destaca como um líder nesse campo.

O diretor de pesquisa do clube, Ian Graham, é um doutor em física teórica e usa estatísticas avançadas para avaliar jogadores e tendências no esporte.

Ele criou o conceito de "domínio de campo", que ajuda a equipe a identificar as áreas do campo onde é mais provável que mantenham a posse da bola e aumentem suas chances de marcar gols.

O departamento de pesquisa também é responsável por avaliar possíveis contratações para o clube. Eles usam modelos complexos que agregam diversas estatísticas para avaliar jogadores e prever a probabilidade de uma equipe fazer um gol após uma determinada ação.

Naby Keita, um meio-campista guineano que foi contratado pelo Liverpool em 2018, foi identificado como uma ótima opção devido à sua habilidade de criar jogadas de gol, apesar de cometer muitos erros de passe.

A abordagem do Liverpool em usar ciência de dados tem sido amplamente creditada por seu sucesso recente. O clube venceu a Liga dos Campeões e o Mundial de Clubes em 2019 e atualmente lidera o campeonato inglês invicto.

A transformação do Liverpool serve de exemplo para outras empresas que buscam recuperar sua relevância no mercado. Uma área de ciência de dados bem estruturada pode ser fundamental para informar as decisões tomadas em outras áreas de uma organização.

Análise de texto e redes sociais

A **análise de texto** e a **mineração de dados** desempenham um papel crucial na extração de informações valiosas de textos não estruturados, como posts de redes sociais, comentários de clientes e artigos de notícias.

Neste capítulo, métodos e técnicas utilizados na análise de texto, incluindo a análise de sentimentos, categorização de textos e mineração de dados em redes sociais.

Análise de sentimentos

A **análise de sentimentos** é uma área da análise de texto que se concentra em identificar e compreender as **opiniões e emoções** expressas nos textos. Com o crescimento exponencial da produção de dados não estruturados, como posts em redes sociais, comentários em fóruns e avaliações de produtos, a análise de sentimentos tornou-se uma ferramenta poderosa para extrair insights valiosos sobre as percepções e atitudes das pessoas.

A importância da análise de sentimentos reside no fato de que as opiniões e emoções têm um impacto significativo nas **decisões** dos consumidores, no **engajamento** do cliente e na **reputação** das marcas, por exemplo.

Ou ainda, compreender a forma como os sentimentos são expressos em relação a uma determinada marca, produto, serviço ou tópico pode permitir que as empresas ajam de maneira mais direcionada e eficaz para melhorar a experiência do cliente, desenvolver estratégias de marketing mais eficientes e identificar áreas de melhoria.

"Without data, you're just another person with an opinion." (Sem dados, você é apenas mais uma pessoa com uma opinião.)
- W. Edwards Deming

A análise de sentimentos é aplicada em diversos setores, como:

Marketing: A análise de sentimentos ajuda as empresas a entenderem a percepção dos consumidores em relação aos seus produtos, campanhas de marketing e iniciativas de branding. Isso permite que elas ajustem suas estratégias de marketing com base nas opiniões e emoções expressas pelos clientes.

Atendimento ao cliente: A análise de sentimentos pode ser usada para monitorar o sentimento dos clientes em relação ao atendimento prestado pela empresa. Isso permite identificar problemas ou insatisfações em tempo real e responder de maneira proativa, melhorando a experiência do cliente.

Pesquisa de mercado: A análise de sentimentos pode fornecer informações valiosas sobre as percepções e preferências do público-alvo em relação a determinados produtos ou serviços. Isso auxilia na tomada de decisões estratégicas e no desenvolvimento de campanhas de marketing direcionadas.

Existem diferentes abordagens e métodos utilizados na análise de sentimentos. Nosso primeiro é a **análise baseada em léxicos**, ou seja, nesse método, são utilizados dicionários ou listas de palavras pré-definidas, com suas respectivas polaridades (positiva, negativa ou neutra).

O texto é analisado palavra por palavra, e as polaridades são atribuídas a cada termo. Ao somar as polaridades das palavras presentes no texto, é possível obter uma pontuação geral de sentimento. Cada método de análise de sentimentos possui vantagens e desafios específicos. A análise baseada em léxicos é relativamente simples de implementar e interpretar, mas pode ter dificuldades em lidar com sarcasmo, ironia ou ambiguidades linguísticas.

Outro, a **classificação de texto**, o qual utilizada um algoritmo de aprendizado de máquina para classificar o texto em categorias de sentimentos pré-determinadas, como positivo, negativo ou neutro. O algoritmo é treinado com um conjunto de dados rotulados, onde cada texto está associado a uma categoria de sentimento, e, em seguida, é capaz de classificar novos textos com base nos padrões aprendidos durante o treinamento.

A classificação de texto por meio de algoritmos de aprendizado de máquina oferece maior flexibilidade e capacidade de lidar com nuances linguísticas, mas requer um conjunto de treinamento adequado e pode exigir mais recursos computacionais.

Por fim, **aprendizado de máquina**, onde a abordagem, são utilizadas técnicas de aprendizado de máquina mais avançadas, como redes neurais, para analisar e extrair informações de textos. Esses modelos podem capturar nuancessubtis nas expressões de sentimento e fornecer resultados mais precisos. O aprendizado de máquina permite uma análise mais sofisticada, levando em consideração a relação entre palavras, contexto e até mesmo o estilo de escrita.

Os modelos de aprendizado de máquina mais avançados tendem a ter um desempenho melhor em termos de precisão, mas podem exigir mais dados para treinamento e uma análise mais aprofundada.

A aplicação da análise de sentimentos pode ser ilustrada por exemplos práticos.

Uma empresa de e-commerce pode utilizar a análise de sentimentos para monitorar o feedback dos clientes em relação aos produtos vendidos. Isso permite identificar padrões de satisfação ou insatisfação, destacar problemas específicos e tomar medidas corretivas.
Da mesma forma, uma empresa de serviços financeiros pode utilizar a análise de sentimentos para monitorar as

opiniões dos clientes nas redes sociais e identificar tendências ou problemas emergentes.

Categorização de textos

A **categorização de textos** é uma técnica que permite agrupar documentos semelhantes com base no seu conteúdo. Essa técnica desempenha um papel fundamental na organização e compreensão de grandes volumes de texto, tornando mais fácil encontrar **informações relevantes e extrair insights significativos**.

A categorização de textos possui uma ampla gama de aplicações em diversas áreas. Um exemplo comum é a classificação de notícias, onde os artigos são categorizados em seções como política, esportes, entretenimento etc. Isso facilita a navegação e a busca por notícias específicas.

Outra aplicação importante é a filtragem de spam em e-mails, onde os algoritmos de categorização podem identificar e separar mensagens indesejadas com alta precisão.

Além disso, a categorização de textos é amplamente utilizada na análise de sentimentos, análise de tendências em redes sociais e na classificação de documentos em bibliotecas digitais.

Existem **diferentes métodos e abordagens** utilizados na categorização de textos, cada um com suas próprias vantagens e desafios. Alguns dos métodos comuns incluem:

Abordagens baseadas em regras: Nesse método, as categorias são definidas manualmente por meio de regras pré-determinadas. Essas regras podem ser baseadas em palavras-chave, expressões regulares ou outros critérios específicos. Embora seja uma abordagem simples, a sua eficácia pode ser limitada em cenários com grande variedade de documentos e temas.

Aprendizado supervisionado: Nessa abordagem, é necessário um conjunto de treinamento pré-categorizado, no qual os documentos são classificados por especialistas. Com base nesse conjunto de treinamento, algoritmos de aprendizado de máquina são utilizados para aprender os padrões e características que distinguem cada categoria. Em seguida, esses algoritmos podem categorizar novos documentos com base no conhecimento adquirido durante o treinamento. Essa abordagem é eficaz quando há disponibilidade de dados rotulados, mas requer um esforço significativo na criação desse conjunto de treinamento.

Aprendizado não supervisionado: Nessa abordagem, não é necessário um conjunto de treinamento pré-categorizado. Os algoritmos de aprendizado não supervisionado exploram padrões e similaridades nos documentos para agrupá-los em categorias. Essa abordagem é útil quando não há um conhecimento prévio das categorias ou quando as categorias podem ser descobertas de forma mais flexível.

É importante destacar que a categorização de textos também **apresenta desafios**. Um deles é o desbalanceamento de classes, onde algumas categorias possuem um número muito maior de documentos do que outras.

Isso pode levar a uma **classificação tendenciosa e resultados não representativos**. Além disso, a ambiguidade semântica é outro desafio, pois palavras ou frases podem ter diferentes significados dependendo do contexto, o que pode levar a erros na categorização.

Superar esses desafios requer a seleção cuidadosa dos **métodos e técnicas adequadas**, além de um processo de avaliação rigoroso para verificar a eficácia e a precisão da categorização de textos. Além disso, o pré-processamento adequado dos textos, como a remoção de stopwords, a normalização de palavras e a consideração do contexto, também são etapas importantes para melhorar os resultados da categorização.

É válido ressaltar que a categorização de textos é uma área de pesquisa em constante evolução, e novas abordagens e técnicas estão sendo desenvolvidas para lidar com os desafios existentes. Por exemplo, o uso de modelos de linguagem pré-treinados, como o BERT (Bidirectional Encoder Representations from Transformers), tem demonstrado resultados promissores na categorização de textos, especialmente em tarefas mais complexas, como a análise de sentimentos.

A escolha do método de categorização mais adequado depende do contexto e dos objetivos específicos do projeto. **Cada abordagem possui suas vantagens e desafios**, e é importante considerar fatores como disponibilidade de dados rotulados, escalabilidade, interpretabilidade e recursos computacionais disponíveis.

Ao explorar os métodos de categorização de textos, é recomendado realizar experimentos e avaliações para identificar a abordagem que melhor se adequa às necessidades do projeto. É importante também acompanhar as tendências e avanços na área, buscando estar atualizado sobre novas técnicas e ferramentas que possam aprimorar a categorização de textos.

A **categorização de textos é uma técnica poderosa** para organizar e compreender grandes volumes de texto.

Com abordagens baseadas em regras, aprendizado supervisionado e não supervisionado, é possível agrupar documentos semelhantes e extrair insights valiosos. No entanto, é necessário lidar com desafios como o desbalanceamento de classes e a ambiguidade semântica.

Mineração de dados em redes sociais

A **mineração de dados** em redes sociais oferece uma série de oportunidades para obter insights valiosos a partir da enorme quantidade e variedade de dados gerados nessas plataformas. Com bilhões de usuários interagindo diariamente, as redes sociais se tornaram uma fonte rica de informações sobre comportamentos, preferências, opiniões e tendências.

Esses **dados podem ser explorados** por empresas, pesquisadores e profissionais de diversas áreas para obter uma compreensão mais profunda do público-alvo, identificar oportunidades de negócios, realizar pesquisas de mercado e acompanhar as tendências em tempo real.

No entanto, a mineração de dados em redes sociais também apresenta **desafios** significativos. A primeira dificuldade está relacionada à **heterogeneidade dos dados**, uma vez que eles podem incluir texto, imagens, vídeos, links e outros formatos. Lidar com essa diversidade e extrair informações relevantes de diferentes tipos de conteúdo é um desafio técnico.

Além disso, a grande quantidade de dados em constante atualização requer o desenvolvimento de técnicas eficientes de processamento em tempo real.

Existem diversas **técnicas de mineração de dados** que são comumente aplicadas na análise de redes sociais. Algumas delas incluem:

Análise de redes sociais: Essa técnica envolve a exploração das conexões entre os usuários e as interações dentro da rede social. Através da análise dos relacionamentos, é possível identificar comunidades, influenciadores e padrões de propagação de informações.

Detecção de comunidades: Nessa abordagem, busca-se identificar grupos de usuários que apresentam interesses ou características semelhantes. Isso permite compreender a estrutura da rede social e segmentar o público de acordo com suas preferências e comportamentos.

Análise de tendências: Essa técnica visa identificar e acompanhar as tendências emergentes nas redes sociais. Ela envolve a identificação de tópicos populares, hashtags relevantes e padrões de discussão, permitindo que as organizações estejam atualizadas e se adaptem rapidamente às demandas do público.

Essas técnicas podem ser aplicadas em **diferentes contextos**. Por exemplo, empresas podem utilizar a mineração de dados em redes sociais para entender as preferências dos consumidores, identificar influenciadores relevantes para parcerias ou campanhas de marketing e antecipar mudanças nas demandas do mercado.

É fundamental abordar as **considerações éticas e as questões de privacidade relacionadas** à mineração de dados em redes sociais. Ao lidar com dados pessoais dos usuários, é essencial garantir a proteção da privacidade e o uso responsável dessas informações.

As organizações devem estar cientes das regulamentações e políticas de privacidade vigentes, como o **Regulamento Geral de Proteção de Dados (LGPD)**. Elas devem obter o consentimento dos usuários para coletar e utilizar seus dados, além de garantir a segurança dessas informações durante todo o processo de mineração e análise.

Além disso, é importante adotar **práticas transparentes e éticas na mineração de dados em redes sociais**. Isso inclui informar aos usuários sobre a finalidade da coleta de dados, os tipos de dados que serão coletados e como eles serão utilizados. É fundamental respeitar as preferências e escolhas dos usuários em relação à privacidade, fornecendo opções claras de controle sobre o uso de seus dados.

A **anonimização** dos dados também desempenha um papel importante na proteção da privacidade. Ao remover informações identificáveis, como nomes e endereços, os dados podem ser utilizados de forma agregada e anônima, preservando a privacidade dos indivíduos.

Além disso, é necessário implementar **medidas de segurança** adequadas para proteger os dados coletados. Isso inclui criptografia, acesso restrito aos dados apenas para pessoas autorizadas e a adoção de boas práticas de segurança da informação.

Os profissionais envolvidos na mineração de dados em redes sociais devem estar cientes dessas **questões éticas e de privacidade** e devem seguir diretrizes e regulamentações aplicáveis. É importante promover uma cultura de responsabilidade e ética no tratamento dos dados, garantindo que os benefícios obtidos por meio da mineração de dados sejam alcançados sem comprometer a privacidade e os direitos dos usuários.

A mineração de dados em redes sociais oferece grandes oportunidades para obter insights valiosos. No entanto, é essencial abordar as considerações éticas e as questões de privacidade relacionadas a essa prática. Proteger a privacidade dos usuários, garantir a conformidade com regulamentações e leis de proteção de dados e adotar práticas transparentes e éticas são fundamentais para o uso responsável e seguro da mineração de dados em redes sociais.

Ao fazer isso, pode-se aproveitar o potencial dessas plataformas para obter informações valiosas e tomar decisões informadas, ao mesmo tempo em que se respeitam os direitos e a privacidade dos usuários.

Comunicando os resultados

A análise de dados só é útil se as informações resultantes forem comunicadas de forma clara e eficaz. Neste capítulo, veja como apresentar resultados de análises de dados e comunicá-los a diferentes públicos.

Comunicando resultados de análise de dados

A comunicação de resultados de análises de dados é uma habilidade importante para qualquer pessoa envolvida em projetos que requerem a análise de dados. Independentemente de quem seja o público-alvo, é importante que as informações sejam comunicadas de forma clara, concisa e relevante. Aqui estão algumas dicas para ajudá-lo a comunicar os resultados de análises de dados com eficácia:

Conheça o seu público: É importante entender quem é o seu público e como eles podem usar as informações que você está apresentando. Isso ajudará você a adaptar a linguagem e o formato de suas apresentações para atender às necessidades do seu público.

Simplifique a mensagem: Evite jargões técnicos e linguagem complexa. Use linguagem simples e direta que qualquer pessoa possa entender. Você pode usar gráficos e visualizações para ajudar a ilustrar suas ideias.

Priorize as informações: Identifique as informações mais importantes e destaque-as. Se houver muitos pontos importantes, tente agrupá-los ou hierarquizá-los de acordo com a importância.

Contextualize os resultados: Forneça contexto para ajudar as pessoas a entenderem a importância dos resultados. Isso pode incluir informações sobre a fonte de dados, a metodologia utilizada e as limitações da análise.

Seja objetivo: Apresente os resultados de forma objetiva e imparcial. Evite a tentação de extrapolar ou interpretar os resultados de maneira que possa ser mal interpretada.

Seja visual: Use gráficos e visualizações para ajudar a ilustrar suas ideias. Gráficos são uma maneira eficaz de comunicar informações de maneira clara e objetiva.

Pratique: Pratique sua apresentação antes de entregá-la. Peça feedback de colegas ou amigos para ajudar a identificar áreas que possam precisar de melhorias.

Comunicando resultados a diferentes públicos

Os resultados da análise de dados podem ser úteis para uma ampla variedade de públicos, incluindo colegas de trabalho, gerentes, clientes e o público em geral. Aqui estão algumas dicas para ajudá-lo a adaptar suas apresentações a diferentes públicos:

Colegas de trabalho: Ao apresentar resultados a colegas de trabalho, concentre-se em fornecer informações que os ajudem a entender o progresso do projeto e a tomar decisões informadas. Use linguagem técnica, mas evite jargões que possam não ser familiares a todos. Use gráficos e visualizações para ajudar a ilustrar seus pontos.

Gerentes: Ao apresentar resultados a gerentes, concentre-se nas informações que eles precisam para tomar decisões informadas. Use uma linguagem clara e concisa, evite jargões técnicos e forneça contexto suficiente para que possam entender a importância dos resultados. Use gráficos e visualizações para ajudar a ilustrar seus pontos.

Clientes: Ao apresentar resultados a clientes, concentre-se em fornecer informações que possam agregar diretamente. Ou seja, traga os resultados e benefícios, não mostre o método e a teoria envolvidos no processo. Os clientes querem sair da apresentação e aplicar o que viram imediatamente. Use linguagem simples, clara e precisa, não passe por termos técnicos e gírias da área.

Para **públicos técnicos**, como outros analistas de dados, é possível apresentar resultados mais detalhados, com visualizações mais complexas e com uma linguagem mais técnica. Já para públicos não técnicos, como gestores ou tomadores de decisão, é importante simplificar a linguagem e apresentar os resultados de forma mais clara e objetiva, com foco nos insights relevantes.

Além disso, é importante considerar o **formato da comunicação**. Relatórios completos podem ser mais apropriados para públicos técnicos, enquanto apresentações resumidas e com visualizações claras podem ser mais eficazes para públicos não técnicos.

Por fim, é importante lembrar que a comunicação eficaz de resultados de análise de dados não se resume apenas a gráficos e tabelas bonitas. **É preciso contextualizar os resultados, explicar os métodos utilizados, destacar as limitações e incertezas e, principalmente, adaptar a comunicação ao público-alvo.**

A análise de dados é uma habilidade essencial no mundo atual e pode trazer grandes benefícios em diversas áreas de atuação. Embora a análise de dados possa parecer intimidadora para aqueles que não são especialistas, com as ferramentas certas e o conhecimento adequado, é possível realizar análises significativas e obter insights valiosos.

Lembre-se de que a análise de dados é uma **habilidade em constante evolução**, e é importante continuar aprendendo e explorando novas técnicas e ferramentas. Com o tempo e a prática, qualquer pessoa pode se tornar um especialista em análise de dados e colher os benefícios de uma tomada de decisão mais informada e eficaz.

Dica de leitura:

"*Data Storytelling: The Essential Data Science Skill Everyone Needs*", de Mico Yuk, é uma obra que explora a importância da comunicação eficaz na ciência de dados, fornecendo orientações práticas para transformar dados em histórias persuasivas e impactantes. Em resumo, o livro destaca a importância do storytelling na ciência de dados.

Benefícios e importância da tomada de decisão com dados

A análise de dados é fundamental para uma tomada de decisão mais estratégica e embasada, possibilitando a identificação de tendências, padrões e oportunidades. Alguns dos principais benefícios da tomada de decisão com base em dados incluem:

1. **permite a identificação de problemas mais rapidamente e efetivamente:** Ao coletar e analisar dados, as empresas podem identificar problemas em suas operações com mais rapidez e eficácia do que por meio de intuição ou experiência.

Isso permite que a empresa responda rapidamente e evite possíveis danos financeiros ou de reputação.

2. **ajuda a minimizar riscos:** Quando as empresas têm acesso a dados precisos e relevantes, elas podem tomar decisões mais informadas e, portanto, reduzir o risco de tomar decisões erradas. As decisões baseadas em dados permitem que as empresas avaliem possíveis cenários e tomem a decisão mais adequada com base em dados confiáveis.

3. **impulsiona a inovação:** As empresas que utilizam a análise de dados em suas decisões têm mais chances de identificar tendências e padrões emergentes em seus setores. Isso pode levar a novas oportunidades de negócios, produtos ou serviços inovadores que podem manter a empresa à frente da concorrência.

4. **ajuda a otimizar recursos:** Ao tomar decisões baseadas em dados, as empresas podem identificar áreas onde estão ocorrendo gastos excessivos ou desperdícios de recursos. Isso permite que a empresa

ajuste suas operações para economizar dinheiro e aumentar a eficiência.

5. **fornece uma vantagem competitiva:** Empresas que usam dados para tomar decisões têm uma vantagem competitiva sobre aquelas que não usam. Elas podem tomar decisões mais informadas e precisas, permitindo que sejam mais ágeis e flexíveis em relação às mudanças do mercado. Além disso, a análise de dados pode fornecer insights valiosos sobre o comportamento do cliente, permitindo que as empresas ofereçam produtos e serviços mais personalizados e relevantes.

A tomada de decisão com base em dados está revolucionando o mundo dos negócios e o sucesso de empresas como Netflix, Walmart e Oakland Athletics são exemplos impressionantes disso.

A Netflix, empresa de streaming de vídeo, utilizou dados sobre os hábitos de visualização de seus usuários para decidir quais programas produzir. Com base nessas informações, escolheram produzir a série "House of Cards, como já foi visto.

A rede de supermercados Walmart usou análise de dados para prever quais produtos seriam vendidos em cada uma de suas lojas. Com a coleta de informações sobre as vendas de cada loja, bem como dados sobre a população e a demografia local, a empresa pôde prever quais produtos seriam mais populares em cada loja e otimizar seu estoque. Esse processo resultou em um aumento significativo nas vendas e na lucratividade da empresa.

A equipe de beisebol Oakland Athletics utilizou análise de dados para encontrar jogadores subvalorizados e construir uma equipe vencedora. Com a coleta de dados sobre as estatísticas de desempenho dos jogadores, a equipe identificou jogadores subvalorizados que poderiam ser contratados a preços baixos. Com esses jogadores, construíram uma equipe vencedora que alcançou um recorde de 20 vitórias consecutivas na temporada de 2002.

Esses casos de sucesso ilustram como a tomada de decisão com base em dados pode ser uma estratégia poderosa para as empresas em diferentes setores.

A análise de dados permite que as empresas compreendam melhor seus clientes, otimizem seus processos e tomem decisões mais embasadas e precisas. Com isso, podem aumentar a eficiência, a produtividade e a lucratividade, além de conquistar uma posição de destaque em seus mercados.

Dica de leitura:

"Data science para negócios: O que você precisa saber sobre mineração de dados e pensamento analítico de dados" de Foster Provost e Tom Fawcett - Este livro é um guia introdutório para a ciência de dados para gerentes e outros profissionais que não são especialistas em dados. Ele apresenta conceitos e técnicas de análise de dados em uma linguagem acessível, com exemplos de casos reais e exercícios práticos.

Ética e privacidade de dados

No mundo cada vez mais conectado e orientado por dados em que vivemos, é fundamental discutir as con**siderações éticas e questões de privacidade relacionadas ao uso de dados nas análises**.

Agora, será explorada a importância de proteger a privacidade dos indivíduos e garantir a conformidade com regulamentos e leis aplicáveis.

Ética na análise de dados

A **ética** na análise de dados refere-se à aplicação de **princípios e valores morais** para garantir que as decisões tomadas ao lidar com dados sejam responsáveis, justas e respeitem a privacidade e os direitos das pessoas envolvidas. Envolve considerar o impacto social, político e econômico das práticas de análise de dados, bem como a forma como os dados são coletados, armazenados, processados e utilizados.

É fundamental reconhecer que os dados podem conter **informações sensíveis e pessoais**, como informações de identificação pessoal, opiniões políticas, crenças religiosas e históricos médicos. A ética na análise de dados exige que os **profissionais sejam conscientes** dessas informações sensíveis e tomem medidas adequadas para proteger a privacidade das pessoas envolvidas, garantindo que os dados sejam tratados de forma confidencial e segura.

Um dos **desafios éticos** mais relevantes na análise de dados é o **viés**. Ele pode surgir tanto nos dados quanto nos algoritmos utilizados para processá-los. **Os dados podem**

ser influenciados por preconceitos culturais, sociais ou históricos, refletindo desigualdades existentes na sociedade.

Se esses dados enviesados forem usados para treinar algoritmos de aprendizado de máquina, os resultados podem ser injustos ou discriminatórios, perpetuando ou ampliando as desigualdades.

Ética na análise de dados requer que os profissionais estejam cientes do viés nos dados e tomem medidas para minimizá-lo. Isso pode envolver a análise crítica dos dados de treinamento, a identificação e mitigação de fontes de viés, bem como a adoção de práticas de amostragem representativa para garantir a diversidade dos dados. Além disso, é importante realizar avaliações sistemáticas dos **modelos para identificar e corrigir possíveis vieses.**

A **transparência e a explicabilidade** dos modelos de análise de dados são elementos fundamentais para a ética na análise de dados. É essencial que os modelos sejam compreensíveis e explicáveis, permitindo que as partes interessadas entendam como as decisões são tomadas. **Isso é particularmente importante em áreas críticas, como concessão de crédito, contratação e tomada de decisões jurídicas, onde a confiança nas decisões tomadas pelos modelos é essencial.**

Os indivíduos também têm o direito de saber **como seus dados são usados e como as decisões que os afetam são tomadas**. A transparência envolve a divulgação clara das práticas de coleta, uso e processamento de dados, bem como a comunicação das decisões tomadas com base nesses dados.

A **explicabilidade**, por sua vez, refere-se à capacidade de justificar e fornecer razões para as decisões tomadas pelos modelos, de modo que as partes interessadas possam entender e contestar essas decisões, se necessário.

Ao garantir a transparência e a explicabilidade dos modelos de análise de dados, os profissionais podem promover a **confiança**, o **entendimento** e o **engajamento** das partes interessadas. Isso envolve o uso de técnicas e abordagens que permitam interpretar e visualizar os resultados dos modelos, fornecendo explicações claras sobre como as decisões foram tomadas.

Além disso, é importante considerar a inclusão de mecanismos de **supervisão e governança** para garantir que os modelos de análise de dados sejam usados de maneira ética. Isso pode incluir a criação de comitês de ética ou revisão de dados, a implementação de políticas e diretrizes claras para o uso de dados e modelos, e a realização de auditorias regulares para avaliar a conformidade com os princípios éticos estabelecidos.

A ética na análise de dados também se estende à **responsabilidade social e ao impacto mais amplo das decisões tomadas com base nos resultados da análise de dados**. Os profissionais devem considerar as implicações éticas das suas decisões e como elas podem afetar diferentes grupos sociais. Isso inclui a minimização de danos, a promoção da equidade e a busca por soluções que beneficiem a sociedade como um todo.

A ética na análise de dados é essencial para garantir que as decisões tomadas com base nos dados sejam moralmente justificáveis, protejam a privacidade dos indivíduos e promovam a equidade social. Isso envolve a consideração do viés nos dados e algoritmos, a transparência e explicabilidade dos modelos, e a adoção de práticas responsáveis no uso de dados sensíveis.

Ao agir de maneira ética, os profissionais de análise de dados podem contribuir para um uso responsável e benéfico da tecnologia, alinhado com os valores e interesses da sociedade como um todo.

Privacidade de dados

A **privacidade de dados** desempenha um papel fundamental na análise de dados, pois está diretamente ligada à confiança e ao respeito aos direitos individuais. A **violação da privacidade** dos dados pode ter sérias consequências, como a quebra de confiança dos usuários e o comprometimento da reputação das organizações.

É essencial reconhecer a importância de **proteger as informações pessoais sensíveis e garantir que**

sejam utilizadas de maneira adequada e legal. Isso inclui dados como nomes, endereços, números de identificação, informações financeiras e de saúde, entre outros. A privacidade dos dados é um direito fundamental dos indivíduos e deve ser preservada durante todo o ciclo de vida dos dados, desde a coleta até o armazenamento e uso subsequente.

Diversos regulamentos e leis foram implementados em todo o mundo para proteger a privacidade dos dados e regular o seu uso. Entre os principais estão o Regulamento Geral de Proteção de Dados (**GDPR**) da União Europeia e a Lei Geral de Proteção de Dados (**LGPD**) no Brasil.

Essas legislações estabelecem **diretrizes** claras sobre como as organizações devem lidar com os dados pessoais, incluindo os princípios de coleta consentida, finalidade específica, minimização de dados, exatidão, limitação de armazenamento, integridade e confidencialidade. As organizações devem estar em conformidade com essas regulamentações, implementando medidas adequadas de **segurança e privacidade**, além de fornecer aos indivíduos o controle sobre seus dados pessoais.

Uma abordagem comumente utilizada para proteger a privacidade dos dados é a anonimização e pseudonimização. A **anonimização** envolve a remoção de informações que possam identificar diretamente um indivíduo, tornando os dados não relacionáveis a uma pessoa específica. Já a **pseudonimização** substitui identificadores diretos por identificadores indiretos, tornando mais difícil a associação direta dos dados a um indivíduo sem o uso de informações adicionais.

No entanto, é importante reconhecer que a anonimização e pseudonimização têm limitações.

Com avanços em técnicas de análise de dados e combinação de conjuntos de dados, existe o risco de **reidentificação**, ou seja, a possibilidade de que um indivíduo possa ser identificado novamente. Portanto, é fundamental adotar medidas adicionais, como o controle de acesso, o gerenciamento de chaves de criptografia e o monitoramento rigoroso para garantir que os dados permaneçam protegidos e não possam ser reidentificados.

Ao lidar com a **privacidade de dados**, é essencial seguir as regulamentações e leis aplicáveis, implementar medidas de segurança e privacidade adequadas e adotar uma abordagem proativa para proteger as informações pessoais sensíveis. Garantir a privacidade dos dados é um **requisito ético essencial** e contribui para a construção de uma relação de confiança entre as organizações e os indivíduos. Além disso, a proteção da privacidade dos dados é um elemento-chave para preservar os direitos individuais, a autonomia e a dignidade das pessoas.

As organizações devem estabelecer **políticas claras de privacidade** e implementar medidas técnicas e organizacionais para garantir a conformidade com as regulamentações e leis de privacidade de dados. Isso inclui o uso de criptografia, o controle de acesso aos dados, a implementação de firewalls e sistemas de detecção de intrusões, além de auditorias regulares de segurança.

Além disso, é importante adotar uma abordagem de **"privacidade por design"**, considerando a privacidade dos dados desde o início do processo de análise. Isso envolve a incorporação de práticas de privacidade na concepção de sistemas, a minimização da coleta de dados pessoais e o estabelecimento de prazos para a retenção desses dados.

A **transparência e a explicabilidade** dos modelos de análise de dados também desempenham um papel fundamental na ética e privacidade de dados. É necessário que as organizações sejam transparentes em relação aos algoritmos e técnicas utilizados na análise de dados, bem como aos critérios de tomada de decisão. **Os indivíduos têm o direito de saber como seus dados estão sendo usados e como as decisões que os afetam são tomadas.**

No mais, é **importante educar os usuários sobre seus direitos de privacidade e fornecer opções de consentimento informado**. As organizações devem obter o consentimento dos indivíduos antes de coletar e utilizar seus dados pessoais, garantindo que eles compreendam claramente como seus dados serão usados e quais são seus direitos em relação à privacidade.

Por fim, a **ética e a privacidade de dados são fundamentais na análise de dados.** As organizações devem adotar uma abordagem responsável, protegendo a privacidade dos dados e garantindo a conformidade com as regulamentações e leis de privacidade aplicáveis. A transparência, a explicabilidade dos modelos e o consentimento informado são elementos-chave para construir uma relação de confiança com os indivíduos e promover a utilização ética dos dados.

Dica de leitura:

"Weapons of Math Destruction: How Big Data Increases Inequality and Threatens Democracy" por Cathy O'Neil - Este livro explora o lado sombrio da análise de dados, discutindo como algoritmos e modelos estatísticos podem perpetuar desigualdades e causar impactos negativos na sociedade.

Caso 4: Cambridge Analytica

Um caso conhecido que ganhou repercussão nas redes sociais e notícias é o escândalo envolvendo a empresa Cambridge Analytica em 2018.

A Cambridge Analytica, uma empresa de consultoria política sediada no Reino Unido, foi acusada de coletar indevidamente dados pessoais de milhões de usuários do Facebook sem seu consentimento.

O caso veio à tona quando um ex-funcionário da Cambridge Analytica revelou que a empresa havia obtido ilegalmente dados de perfil de mais de 87 milhões de usuários do Facebook, por meio de um aplicativo de teste de personalidade chamado "This Is Your Digital Life". Esse aplicativo não apenas coletava informações dos usuários que o utilizavam, mas também acessava informações dos amigos desses usuários, sem o conhecimento ou consentimento adequado.

Os dados coletados foram supostamente usados pela Cambridge Analytica para criar perfis psicográficos detalhados e direcionar anúncios políticos altamente personalizados durante as eleições presidenciais dos Estados Unidos em 2016. Esse escândalo gerou uma ampla preocupação em relação à privacidade dos dados e levantou questões sobre o uso ético e legal das informações pessoais dos usuários das redes sociais.

O caso Cambridge Analytica teve um impacto significativo, levando a uma maior conscientização sobre a importância da privacidade dos dados e à implementação de regulamentações mais rígidas, como o Regulamento Geral de Proteção de Dados (GDPR) na União

Europeia e a Lei de Privacidade do Consumidor da Califórnia (CCPA) nos Estados Unidos.

Esses eventos destacaram a necessidade de maior transparência, consentimento informado e proteção dos dados pessoais dos usuários, tanto por parte das empresas que coletam e utilizam esses dados quanto pelos próprios usuários, que devem estar cientes de como suas informações estão sendo usadas.

Análise de dados usando software

Existem diversas ferramentas e softwares disponíveis para auxiliar na análise de dados. Neste capítulo, algumas opções populares e como utilizá-las para realizar análises de forma eficiente e precisa.

Excel

O Excel é uma das ferramentas mais utilizadas para análise de dados, principalmente para análises mais simples e menos complexas. Ele é fácil de usar e possui diversas funcionalidades que permitem a realização de cálculos, gráficos e tabelas.

No entanto, é importante destacar que o Excel tem suas limitações em relação a análises mais complexas e que exigem maior poder computacional. Além disso, é necessário ter cuidado na manipulação de dados no Excel para evitar erros e imprecisões.

Tableau

O Tableau é uma ferramenta de análise de dados mais avançada e com recursos mais poderosos do que o Excel. Ele permite a criação de dashboards interativos e visualizações avançadas, o que facilita a identificação de insights e padrões nos dados.

O Tableau também permite a integração com diversas fontes de dados e a manipulação de grandes volumes de dados de forma eficiente.

Python

Python é uma linguagem de programação popular para análise de dados. É uma ferramenta mais avançada, que exige mais conhecimento técnico, mas que oferece uma grande quantidade de recursos para análise de dados.

Python tem diversas bibliotecas especializadas em análise de dados, como Pandas, Numpy e Matplotlib. Essas bibliotecas permitem a manipulação e visualização de dados, bem como a realização de análises estatísticas mais complexas.

R

R é outra linguagem de programação popular para análise de dados. Assim como Python, é uma ferramenta mais avançada, que exige mais conhecimento técnico, mas que oferece uma grande quantidade de recursos para análise de dados.

R tem diversas bibliotecas especializadas em análise de dados, como o Tidyverse, que inclui o ggplot2 para visualização de dados e o dplyr para manipulação de dados.

SAS

O SAS é um software de análise de dados mais avançado, utilizado principalmente por grandes empresas e instituições. Ele oferece uma grande variedade de ferramentas para análise de dados, desde a coleta de dados até a análise estatística e modelagem preditiva.

O SAS também possui uma grande comunidade de usuários, o que facilita o compartilhamento de conhecimentos e soluções para problemas.

SPSS

O SPSS é um software de análise de dados desenvolvido pela IBM. Ele é bastante utilizado em pesquisas acadêmicas e de mercado e oferece diversas ferramentas para análise de dados, desde a visualização até a modelagem estatística.

Assim como o SAS, o SPSS é uma ferramenta mais avançada e requer um pouco mais de conhecimento técnico para utilizar de forma eficiente.

Existem diversas ferramentas e softwares disponíveis para análise de dados, cada uma com suas vantagens e limitações. A escolha da ferramenta mais adequada depende do objetivo da análise, do volume e complexidade dos dados e do conhecimento técnico do usuário.

Recomendações: leia e assista!

Alguns livros, filmes e séries sobre dados que valem a pena:

Leia:

"Estatística: O que é, para que serve, como funciona", por Charles Wheelan, o livro explica como a estatística pode ser útil no mundo real, desde a pesquisa médica até a recomendação de filmes pela Netflix. O autor apresenta conceitos estatísticos importantes, como inferência e correlação, de maneira interessante e divertida, tornando a disciplina palatável para qualquer pessoa. Com exemplos cotidianos, o livro mostra como a estatística é essencial para entender o mundo moderno.

"Como Mentir Com Estatística", por <u>Darrell Huff</u>, foi publicado pela primeira vez, em 1954, o livro de Darrell Huff foi saudado como pioneiro em conjugar linguagem simples e ilustrações para tratar de um tema polêmico e controverso: o mau uso da estatística para maquiar dados e abalizar opiniões. Hoje, em tempos de internet, *big data e IA* o livro continua genuinamente subversivo e ainda mais relevante.

"O andar do bêbado: Como o acaso determina nossas vidas", por Leonard Mlodinow, celebra 10 anos de sucesso com cerca de 180 mil exemplares vendidos no Brasil. A obra explora como o acaso interfere em nossas vidas, através de exemplos que demonstram como eventos imprevisíveis determinam notas escolares, diagnósticos médicos, resultados eleitorais, entre outros. Mlodinow ajuda o leitor a entender e conviver melhor com os fatores que não podemos controlar, tornando a leitura agradável com desafios probabilísticos e perfis de cientistas.

"Data Analysis for Business Decisions" de Duane J. Ireland e Robert E. Hoskisson - Este livro aborda a importância da análise de dados em tomadas de decisão empresariais, apresentando conceitos e técnicas essenciais para análise de dados.

"Microsoft Excel Data Analysis and Business Modeling", de Wayne L. Winston, o livro apresenta uma introdução à análise de dados usando o Microsoft Excel. Ele aborda tópicos como coleta e preparação de dados, análise exploratória de dados, modelagem de dados e visualização de dados, tudo usando o Excel.

"Storytelling com dados: Um guia sobre visualização de dados para profissionais de negócios", de Cole Nussbaumer Knaflic, o livro recebeu elogios de executivos do JPM Chase e da Bill & Melinda Gates Foundation. Eles destacaram a habilidade da autora em contar histórias usando dados, simplificando análises complexas e ensinando técnicas para estimular a tomada de decisão mais inteligente. O livro apresenta exemplos excelentes e lições valiosas para ajudar qualquer pessoa a transformar dados em insights acionáveis.

"Data Ethics: How to Make Good Things Happen with Data" por Mike Loukides, Hilary Mason e DJ Patil - Neste livro, os autores discutem os desafios éticos relacionados à coleta, uso e compartilhamento de dados, bem como estratégias para lidar com essas questões de forma responsável.

"Ethics of Artificial Intelligence and Robotics" editado por Vincent C. Müller e Nick Bostrom - Esta coletânea de ensaios examina a ética da inteligência artificial e da robótica, abordando questões como responsabilidade, transparência, justiça e impactos sociais.

"The Black Box Society: The Secret Algorithms That Control Money and Information" por Frank Pasquale - Neste livro, o autor explora como os algoritmos e sistemas de pontuação afetam a privacidade, a justiça e a democracia, discutindo a necessidade de maior transparência e prestação de contas.

Assista:

"Moneyball: O Homem que Mudou o Jogo" (2011) - o filme conta a história de Billy Beane, gerente geral do time de beisebol Oakland Athletics, que utiliza a análise de dados estatísticos para formar um time competitivo com jogadores subestimados pelo mercado. Com a ajuda de um economista e um assistente técnico, Beane desafia a lógica convencional do esporte e revoluciona a forma como os times são formados.

"O Preço da Verdade" (2019) - baseado em uma história real, o filme retrata o advogado Robert Bilott, que descobre um segredo sombrio da DuPont, empresa química que poluiu a cidade de Parkersburg, na Virgínia Ocidental, com produtos tóxicos. Para expor a verdade, Bilott precisa coletar e analisar uma grande quantidade de dados que comprovem a relação entre a poluição e os danos à saúde das pessoas.

"The Great Hack" (2019) - Este documentário da Netflix aborda o escândalo da Cambridge Analytica e como a empresa usou dados de usuários do Facebook para influenciar as eleições nos EUA e no Reino Unido. O filme apresenta entrevistas com ex-funcionários da Cambridge Analytica e explora questões relacionadas à privacidade e manipulação de dados.

Fechamento!

A análise de dados é uma **habilidade essencial no mundo moderno**, onde a informação é um dos recursos mais valiosos em qualquer campo de atuação. Este guia teve como objetivo fornecer uma introdução à análise de dados para não-analistas, com explicações claras e exemplos práticos.

Ao longo deste material, os principais conceitos e técnicas de análise de dados foram cobertos, desde a definição de análise de dados, passando por big data e indo para conceitos mais específicos como objetivos, métricas, coleta e preparação dos dados até a comunicação dos resultados. Alguns conceitos interessantes como a possibilidade de analisar texto, muito focado em redes sociais e também os conceitos éticos envolvidos na manipulação de dados. Além disso, algumas ferramentas e softwares úteis para realizar análises.

É importante ressaltar que a análise de dados é uma habilidade em constante evolução e que a prática é fundamental para se tornar um analista de dados eficaz. Não tenha medo de experimentar com diferentes técnicas e abordagens, e sempre verifique se os dados estão limpos e organizados antes de começar a análise.

A análise de dados não é apenas para especialistas em matemática ou estatística. Qualquer **pessoa pode aprender a analisar dados** com prática e dedicação. Espera-se que este guia tenha sido útil para você começar sua jornada na análise de dados e deseja-lhe boa sorte em sua jornada de aprendizado e análise de dados!

Agora é sua vez...

Ok, você chegou até aqui então você aprendeu desde o que é **análise de dados** e por que é importante até técnicas para coletar, preparar e explorar dados, além de análise estatística básica, a existência de softwares para análise e a importância de comunicar resultados de forma clara e eficaz.

Sim, é muita coisa, mas ent**ender esse cenário é dar os primeiros passos no universo da análise de dados.** Obviamente, cada item que você viu precisa ser estudado e explorado a fundo agora.

Agora, vai parecer clichê o que vou falar, não tem problema: a análise de dados é uma habilidade cada vez mais valorizada em diversos campos de atuação, desde negócios e finanças até ciência e tecnologia. Não se sinta intimidado, aprofunde seus conhecimentos.

Muito obrigado por ler este livro. Significa tanto para mim que você ficaria comigo e ouviria o que eu tenho a dizer.

Se houver algo que eu possa fazer, por favor, me avise. Estou às ordens!

Ao seu sucesso, abraços.

Alex S. S. Barros

@alexsbarros

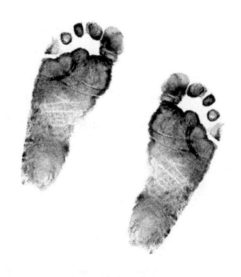

1ª edição, 2023

ISBN: 9798860603295

Selo editorial: publicação independente

Miolo: tinta preta e papel creme 55 (90 g/m²)

Capa: colorida fosca, papel branco 80 (220 g/m²)

2023

Alex Sander Schroeder de Barros

@alexsbarros

www.ingramcontent.com/pod-product-compliance
Lightning Source LLC
LaVergne TN
LVHW041212050326
832903LV00021B/593